Vivo en la carretera
Emilio Alonso

Colección Baños del Carmen

Emilio Alonso

Vivo en la carretera

EDICIONES VITRUVIO
Colección Baños del Carmen,
nº 1056

www.edicionesvitruvio.com

Primera edición, 2025

© Ediciones Vitruvio
C/ Menorca, nº 44
28009
Madrid
Tlf: 91 573 2186

ediciones vitruvio, nº 1. 767
ISBN: 979-13-990511-8-6

Vivo en la carretera

Soy una presa política encerrada
en un hábito de ira.

Diane di Prima

Puedo hacer que las nubes besen
mis palabras.

Neal Cassady

No me voy, tal vez sólo vuelvo a casa.
Vincent van Gogh

Versos de un náufrago.
Los que soñó en las noches de un viaje,
aun, inacabado.

I. Ruta de las Ciudades de los Poetas

Pushkin, Pessoa, Verlaine, Borges y la sociedad secreta.

TUVE UN AMOR EN MOSCÚ con el que me citaba
los martes y jueves en el *Razvedka*. Un viejo café
donde se reunían conocidos espías con otros
de la contrainteligencia.
Ella era una bella profesora de Arte del Renacimiento
con una Tesis en Pintura Flamenca y Holandesa.
Trabajaba para el *Hermitage*.
Viajaba, y espiaba,
por el *tour* de las ciudades del gótico tardío
junto a otros reconocidos expertos en arte.
Todos participaban en conferencias donde exponían
los tesoros del museo de *San Petersburgo*.

La conocí un áspero día de invierno, en *Rouen*;
ambos íbamos buscando alguna huella de *Oscar F. W. Wilde*.
Nos enamoramos con una sola mirada,
y sin remedio, fuimos uno al encuentro del otro.
Teníamos otras familias.
Aquella noche dormimos en el calor de dos cuerpos
que quemaban.

Al llegar el invierno de abedules temblequeantes,
como si nos fuésemos diluyendo en la bruma
que vagaba por el margen del *Moskvá*
desde las colinas de *Smolensk*,
las citas, a nuestro pesar,
se fueron reduciendo a espacios angostos e inciertos.
Hasta que un día decidimos ser *libres*,
que nada ni nadie podría separarnos.
Al día siguiente, vimos a nuestros amigos
hablando con voz suave y entrecortada.
¡Quizá en los gestos…!, en sus caras,
iban marcando cabreo, decepción e inesperada tristeza;

y siguiendo la vieja tradición de la cultura rusa,
aproveché la ocasión para embriagarme de vodka
y con el recuerdo del único momento
que nunca llegó a ser el mejor ni lo bastante.

TE QUERÍA SALVAJE sin más voces que
las nuestras / como a los dos nos gustaban
las tardes en LISBOA / Y recuerdo el crujir
de tus valientes pies / [en aguas bravías
de un sinuoso y lejano océano voraz] /
unidos a un cuerpo que respiraba con dificultad
y deseo / No hablo de pasión / sino de un amor
que nos miraba y no se iba/ de un amor que no sé
si era emoción o castigo / sólo sé / que tú ya vas
dejando atrás una parte de tu débil olvido.

QUÉ PODRÍA HACER CON LAS PALABRAS que aún
no están muertas en PARÍS a punto de que ocurra.
Alguna de ellas, sería perfecto convertirla
en un mueble de diseño abandonado
en el *Museo del Louvre*. A las otras, no les queda
más opción que saltar al vacío desde la *Torre Eiffel*,
y nadar, eternamente, en las frías aguas
de las noches de *La Seine*.

Con estos versos en mi ocaso insalvable, sólo deseo
darles significado a las últimas que pronunció
Vincent van Gogh, en *Montmartre*, antes del
suicidio con *absenta* y un revolver de percusión,
de cachas imitación a marfil y ocho balas de plata,
en el escenario de una habitación-sótano de seis metros,
donde cada noche ensayaba su muerte ante
espectadores enfervorizados y ebrios.

EN EL FIN DEL MUNDO CAMINÉ LARGO
POR BUENOS AIRES, fue un día en el que las
gentes buscaban pan, justicia, tango y *jazz*,
y al igual, veía cómo las inmensas avenidas
se iban quedando sin nidos y sin pájaros,
sin árboles, sin ruidos y sin nadie,
sin calles...,
sin nada.
Mis amigos estaban refugiados dentro de
los cuerpos de ellos mismos valorando qué hacer;
si volar a Europa o al norte,
o dejarse morir dentro o al lado,
de un sótano rodeado de luciérnagas luminiscentes.
Ellos, ese día, podrían estar en cualquier
otra ciudad del mundo: *Londres, Rabat,
Calcuta, Adelaida, Boston...*, sin pan, sin justicia,
sin tango, sin *jazz*, sin nidos, sin pájaros,
sin árboles, sin ruidos y sin nadie, sin calles...,
sin nada.
Además, decir, simplemente—: Dentro o al lado,
en los sótanos, no existen las ciudades; ahí,
acaso, encuentro la ciudad del hedor decapitado
por la ira de todos ellos, por la ira de todos nosotros,
por la ira de las luciérnagas luminiscentes
  del final de la vida.

II. Ruta Port Arthur

Descubrí que en mis ojos,
cuando están ausentes de este mundo,
nacen los versos que después escribo.

VIVO EN LA CARRETERA

Viajo por el mundo buscando un lugar
que atrape mi alma indomable.
A veces creo encontrarlo,
pero enseguida noto que me expulsa,
que estoy de más.
Y vuelvo a la carretera;
ahí, desde el alba,
siento que estoy en casa.

Camino junto a la cercana avidez estética,
me asomo al crepúsculo del tiempo
que pasa de largo en su viaje infinito
y veo la *libertad*
en los pájaros que regresan las mil veces
que sus alas esperan.
Me desmayo ante tanta belleza.

Una vieja camioneta llega al rescate
de un náufrago en el desorden,
que no admite ser reemplazable
en los ideales por las palabras.
En la voz intento comprender
idiomas olvidados en las fronteras de
navíos libres.

Tal vez sigo un camino errado,
pero inequívoco
a los pasos de mi conciencia,
esa es la verdad que no es única,
tan sólo es lenta para cualquier destino.

No pretendo ser nada
sino disfrutar del fuego y del primer día,

como si ese día
alguien hubiese besado la tierra
que cubre mi sueño,
despertando mi alma indomable
buscando un lugar.

¿Y por qué no busco el dolor
si eso es de lo qúe carezco para llegar?

Porque el placer no me dio más que
 placer,
y el dolor no sé a dónde me llevará.
Porque sé, necesito abandonar la carretera
y llegar al lugar,
y enterrar una parte de mi alma;
y alejarme
como si nada hubiese sucedido
a donde todo se olvida.

SABED, CONOZCO HISTORIAS INCREÍBLES
de gente heterodoxa —con la voz rota—
que vive en la carretera,
incluso alguna triste,
y otras sin más mérito que ser de verdad.
Historias desventuradas que ocurrieron
en el *Atlántico norte* y otras en el *Pacífico sur*;
historias de rebeldía que están en el creciente
imaginario de las auroras boreales del *Mar de Kara*
o, ¡quién sabe!,
en los prohibidos amaneceres de las
Islas Sin Nombre del *Mar de Propóntide*.

SABED, soy testigo de la narrativa de gente
extraordinaria que vive
para contar relatos imaginados y otros,
con la lujosa memoria de la supervivencia.

ANOCHE baile *rock 'n' roll*
con los zapatos que compré
en el mercadillo de segunda mano
del puerto viejo.
El ritmo llegó a ser enloquecedor,
me sentía como una peonza
que casi rozaba su soñada fantasía.
Pero esta tarde vuelvo al *sketch*
desigual.
Apenas recuerdo un cálido viento
exhibiéndose desde una ventana
dibujada en el barco varado,
el que abriga la tumba del
   marinero poeta
que en los atardeceres
inspiraba y exhalaba el humo de un cigarrillo,
suspirando y bebiendo
de un mar.

ESPERANDO A GINSBERG

A medianoche el desorden exasperaba
a las voces *beatniks* educadas en las universidades;
estas, en silencio, se iban apartando
a la penumbra de una abandonada
y ruinosa estación de ferrocarril,
quizá ellos también esperaban
al único tren de mercancías
que pasaba una vez no se sabe cuándo ni cómo.
Un tren sin día ni horario,
aunque eso no era preocupante ni sustancial,
el convoy no se detenía en ningún andén
en su lenta velocidad que permitía subirse
en marcha.

Una hoguera con los pocos leños
que iban quedando,
algo de música desde una guitarra desafinada
que sonaba cayéndose de las manos, y todos,
en un banquete como el celebrado en la lonjeta
de la casa del guerrillero que conmemoraba
el cuarenta aniversario de la revolución.

Hippies ovillados en las esquinas.
Colillas milimétricas de maría en cada rincón
 del vestíbulo y andén,
y en un cubículo, agazapados, tres malnacidos
esnifaban la coca que le robaron a un colombiano
que se ganaba la vida traficando.

También allí,
en otro labio y en una siniestra lobreguez,
estaba un tipo excéntrico de mediana edad;
él, callado y solo, solo y con la mirada perdida,

escuchaba *jazz* abrazando el oído a la boca de
Nina Simone,
ella salía de un portátil
o tal vez desde una fruta mordida.

Y después..., sexo, mucho sexo,
hombres jóvenes amando a mujeres *libres*
que llegaban desde cualquier ciudad,
hombres bisexuales amando en *libertad,*
chicas lesbianas disfrutando de la pasión
de otras que decían ser hetero.

Sexo..., mucho sexo..., para caer rendidos al amanecer
y dormir hasta bien avanzado el mediodía
o hasta cuándo se prueba
el veneno de algún amor.

Las tardes eran tediosas,
buscaban los restos de algún manjar
en la puerta trasera de un restaurante caro,
en la confluencia de un barrio barato
donde algunos comieron en mejores
o peores momentos.
Allí, los camareros presumían de trabajar
en el único local lujoso en el perímetro
cercano a la estación de ferrocarril,
¡qué tristeza!

Sin demorarse en la hora de inicio,
la guitarra desafinada con ecualizador
de última generación,
daba lástima en las sórdidas calles
de la decadente ciudad,
aun así, era cuando más recaudaban
en el sombrero maloliente
que conocía pelos a punto de caerse
y pelucas inmundas que iban de cabeza en cabeza.

Al final del atardecer, con la primera oscuridad,
de la nada se formaban intrigas eclécticas
fantaseando sobre un tren sin fecha ni horario
ni libro de ruta hacia *Anjuna, Goa.*

Cada tarde, la filantrópica funeraria de la ciudad
retiraba los cadáveres de quienes,
voluntariamente,
habían decidido no seguir esperando
para subirse al último *wagon* con caballos y heno,
patos y cerdos, vacas y corderos sin lana,
e ir a reunirse con *Joplin, Morrison, Lenore Kandel,*
Crosby o *Quintero "El loco de la colina",*
o preguntar a *"Gallito"*
por qué maltrataba a los toros,
bellas bestias salvajes del campo extremeño.

Unos se iban para siempre mientras otros llegaban
por el traslado que corría de boca en boca
—como en un gran incendio—,
en los conciertos de *Woodstock*
o en los calabozos por defender la *libertad*
o manifestarse

¡NO A LA GUERRA!

Una mañana roja, la estación de ferrocarril recibió
a dos ancianos con largos y cuidados cabellos
que sobrevivieron a *mayo del 68,*
estos, enseguida, oraban bailando *Still Got The Blues*
ante el *Buda* de las barricadas
que ambos mantenían en sus inmortales ideales;
y abarcándolo todo...,
el recuerdo de *Pink Floyd*
y la magia de *un amor de entreguerras.*

Los acontecimientos ocurrían tan de prisa

que superaban a las mentes más poéticas.
Todos aparentaban no tener miedo a la muerte
sino que lo tenían a la vida fuera del universo
de una estación de ferrocarril
o de un *wagon* de madera abandonado
en el túnel tapiado por *Castaneda*,
con sus libros,
en su huida al desierto de *Sonora* buscando
a *Don Juan* y la familia *Psilocybe cubensis*.

Un tumulto nervioso se esgrimía en la ciudad.
Sus gentes y los recién llegados forasteros
vestían las mejores ropas, y las autoridades
ordenaban engalanar las confluencias
con banderines y guirnaldas mortuorias
ante la singular y festiva ocasión.
La agrupación de *majorettes* iniciaba el desfile
de carrozas y de gentes con atavíos carnavalescos;
y acercándose...,
se divisaba una nube blanca
que se alzaba fugándose de la tierra
y un sonido
cansado
que iba creciendo como un volcán en erupción.

En el andén, ansiosos, se confundían (esperando)
hippies, viajeros y desertores,
músicos, ex convictos y autoridades,
y al sur, el bien sometido pueblo.

La animosa banda de música
interpretaba las marchas del ferrocarril.
Niños y sus progenitores agitaban banderitas
con los colores de papá *Estado*.
Vendedores de pajaritos de agua de caramelo
en su día grande,
carteristas aprovechando la barahúnda.

Y acercándose a todos ellos,
una vieja locomotora —sin destino
ni hoja de ruta hacia las
Full Moon Parties de Anjuna—,
iba arrastrando un tren carcomido
por la decrepitud y el óxido.

La ceremonia de los cánticos del ferrocarril
ya llegaba a los barrios más alejados.
Políticos y ex convictos, en turba,
fueron los más avispados, engañando a otros,
para saltar al convoy que iba conociéndose como
"el tren emancipador del mundo".

Los *hippies* eran más torpes y lentos
para encaramarse,
eso hizo que se ayudasen ente ellos.
Alguna mochila sufrió el olvido
caída para siempre en el andén.
Los que estaban sobre las plataformas
se abrazaban por emprender el viaje incierto.

Sin pretenderlo, por selección idiota,
se formaron grupos aislados;
a un lado: ex convictos y políticos con antifaz;
en otro: viajeros, quizás en el tiempo,
acomodados en un lugar desde donde podrían ver las *estrellas*;
por último: *hippies*, desertores y algún alcohólico,
   que se unió en el último momento,
en la cola del convoy.
Cuando el último *hippie* subió al último *wagon*,
vio, sin reconocerlo, a un *beat* con anteojos gruesos,
   que emitía luz,
sentado sobre los tallos de heno;
este, concentrado, pensando, tenía la mirada
   chispeante
por los efectos del *LSD* o es que acaso él era así.

El *hippie* lo abrazó y el poeta *beat* dijo aullando:
—*¡Uuuuuuuhhh…, ya lo tengo!*
Los *hippies*, atónitos, se miraron entre ellos,
uno profirió un grito obsceno; entonces,
el poeta *beat* lo apretó contra su cuerpo
y, murmurando en *hindi*, blasfemó:
—*¡Cerdo miserable!*

Sentados en el suelo formaron un círculo.
El viaje en *"el tren emancipador del mundo"*
fue más agradable pasándose una botella
de vino blanco a granel y porros de maría,
muchos porros y muchas risas.

Y de ese modo…, todo fue más lento y veloz.

IMAGINO *(a veces alcanzo)* REENCONTRARME
en lugares que no conozco;
mi pensamiento viaja sin tregua a la tierra madre
libre de servidumbres, hasta armonizar que
hoy me sería posible ver sus árboles y el río,
los sapos y las salamandras, los juncos
y las mariposas,
las enormes casas de piedra vieja
con diminutas ventanas de cuadrantes
y tejados que levemente toco con las manos,
o vivir en la calle principal con la gente reunida
o tal vez,
viendo cómo otros van en paseo silente
con el pan recién horneado bajo el brazo.
Y en un discreto semisótano, encuentro,
el desorden de cientos de libros agrupados
bajo el nombre
 Club de Lectura

Al sur, en primavera, pienso cómo se desliza
una estrecha carretera de asfalto que termina
en el infinito, que cuando llega el invierno
la nieve la confunde con el camino que debo
recorrer para reconocerme en quién soy.

MI CUERPO PERTENECE A LA TIERRA
podré moverme LIBRE

Llegué a pensar que mi cuerpo
era el dueño de todo
lo que observaban mis ojos.
Después, quise conquistar el Universo
moviéndome con alas
que abarcaban estrellas y galaxias.
Navegué fascinado por todas aquellas
amplitudes exóticas y singulares.
Pero fracasé,
recogiendo el cuerpo
en las escenas prohibidas de
El Decamerón y en *La Divina Comedia*,
no en el infierno,
donde sería sencillo descubrirme
por mi atracción a las temperaturas cálidas,
sino que me refugié entre *Ángeles*
de cuya pureza no existían dudas.
Eran vírgenes.
Lo juro porque los amé a todos,
necesité realizar un duro y seductor trabajo
que me dejó exhausto
a pesar de mi pericia y experiencia.
En ese lugar llegué a ser feliz
y valorado,
pero nuevamente me recogí
en un destierro desconocido.
Ocurrió que bajé a ras de tierra
y empecé a sentir olores y placeres
que embriagaban.
Me mantuve borracho

durante un tiempo inaceptable.
Cubrí el cuerpo con la tierra madre
y nacieron tallos y flores
en un bosque húmedo y cálido,
quizá en alguna ocasión frío.
En los amaneceres, cuando salía del cuerpo,
veía, abajo, un cuerpo humano y feliz
sobre una tierra dormida.
Enseguida volvía
para conservar su calor.
Me gustaba aquella vida tan sencilla
y *LIBRE*.
No transcurrió mucho tiempo
para volver a recogerme,
escondiendo cualquier atisbo
de reconocerme *libre* ante
mis perseguidores,
en realidad, ante mi perseguidor.
Pasaron generaciones hasta que
descubrí que,
si no puedo ser *libre*,
sí,
al menos,
vivir lejos,
en cualquier espacio
donde no necesite el cerebro.
Así que lo acepté.
Mi cuerpo pertenece a la tierra
y yo podré moverme *libre*
por cualquier lugar o destino,
o en ninguna parte
que es donde realmente necesito
   estar.

MORIR DE AMOR O EMBRIAGADO

El camino se fue estrechando
al contarle mi vida.
Recorrimos el tiempo
y ella, confundida, me dijo:
—*En estas horas*
ya te he olvidado.
Y se fue en un suspiro,
sutilmente,
descalza
y con el caminar relamido.

Abracé las noches
y a un estúpido y mezquino día
lleno de vaivenes y sobresaltos;
perseguí a un viejo tren *hippie*
y me elevé a un pájaro que volaba
a una larga cita
sin que nadie lo esperase.
Merodeé en portales
que me aconsejaron los astrónomos sabios.
Y ahora,
con tanto cansancio acumulado,
permanezco inmóvil
de cara a una ventana abierta
que da al este,
esperando, tal vez,
una sombra de locura.
A mi izquierda,
una botella de *absenta*
de cuello de largo,
y en las manos, siento
que es la última oportunidad
de morir de amor o embriagado.

VENGO DE UNA TIERRA HUIDA

Me di cuenta demasiado tarde
de que vengo de lejos, de una tierra huida.
Estuviese donde estuviese,
ocurría algo que provocaba mi éxodo
a otro lugar.
Llegué a pensar que era ajeno a mí.
La tierra que filtraba mi ausencia,
de pronto,
deseaba verme lejos o no verme,
creía dudando yo.
En esa hostilidad
sentía que la huida era lo mejor.

Mantuve cientos de dudas y suicidios,
y otra vez y otra vez,
y otra vez más…,
creaba distancias que eran
como pequeñas nuevas vidas
hasta que volvía a alejarme
sin saber por qué.

Pensé que mi vida
estaba en los caminos,
en la carretera,
solo,
desnudo,
escalando acantilados,
sintiéndome olvidado;
sin huellas,
sin luz, sin amor.

Así fue y así sigo,
de un lado a otro,

sin los recuerdos del anterior.
Sin amor.
Sin contención en la huida.
Sin recuerdos.
Con olvido.
Sin sexo en los labios,
el alma y el corazón.

ANTE LA HOGUERA DE LOS SACRIFICIOS

Después de ver de cerca
la derrota
volví a dejar atrás la metrópoli.
Y a pesar de ello
y en todo el tiempo pasado allí,
estuve años arriesgándome
a ser aceptado
en los círculos comunes.
Y no porque ese deseo
fuera mi trecho vital,
todo lo contrario,
sino por el reto ante el canibalismo
de los círculos comunes
cuando necesitan ofrendas
ante sus dioses.
Y para ellos nada mejor
que cuerpos desnudos
y sublimes
en la hoguera de los sacrificios.

DESDE LUEGO AQUELLA NO ERA MI VIDA

y llegó un momento en el que me dejé llevar a otra.
Inicialmente, la empecé a sentir como
una pequeña aventura que a la vida
le urgía regalarme. Una rodeada de *jazz, rock,*
poesía, carretera, puestas de sol inaccesibles
y miradas sencillas de gente alegre a mi alrededor.
Y me fui quedando, ¡hasta que un día!,
¡oh!, me di cuenta de que no había riesgo,
la verdad, esta es la vida.

(SEGUNDO PENSAMIENTO)

Quiero que sepas:
No he dejado la búsqueda del sentimiento
de la belleza por más que las dificultades crezcan
a cada paso. No olvidemos los tesoros que hasta ahora
ya tenemos en la memoria: *el diamante loco de Gilmour,*
las flores, campos y olivos de Vincent, los fotogramas
de Charlie, los poemas de Frida. Y sé que están
otros esperando, pronto dedicaré todo mi tiempo
a encontrarte.

LA ÚLTIMA COPA

Una persona cercana me preguntó
qué pensaba del suicidio.
La vi de cerca, a los ojos,
y respondí sonriente:
—*Es algo reservado a valientes.*
Y volvió —insistiendo—:
—*¿Has pensado algún día en suicidarte?*
—*¡Eh!, sí. Como casi todos, ¿no?* —respondí.
Esta vez fue él quien clavó
los suyos en los míos.
—*¿Y?* —dijo esperando algo más.
No tan afable, con voz grave,
articulé la última respuesta:
—*Soy demasiado cobarde.*
En silencio apuramos la última copa;
hace semanas que no sé nada de él.

III. Ruta Highway 1

Naufragué en su poesía,
y su mirada pasó ante mí
sometiéndome en la locura.

CATARSIS

Cuando pienso en las alteradas purificaciones
que alcancé, rara vez consigo descifrar
todas las recordadas.
Aunque sí, sé, fueron provocadas
por algún dolor
porque a la vez
deseaba conseguir la excelencia.

¡Oh, qué error!
Sin tenerlo en cuenta,
me estaba sumiendo
más y más,
en el estrepitoso fracaso
de las noches sin orillas,
apenas reconociendo que
en alguna fangosa me refugié
bajando a las profundidades.

Allí,
en esos lugares
de existencias frívolas
fui ignorado, si no rechazado,
y sufrí desprecio;
quizá porque las marcas de las bebidas
que había ingerido
no eran lo suficientemente caras
o porque mi estado
se suponía tan degradante,
que era pernicioso ver mi imagen
a través de cualquier iris.

Bordeé,
con demasiada frecuencia,

la inclusión de mi nombre
en la página de las noticias necrológicas.
¡Fueron tantas las veces!,
que el linotipista del diario local
en sus horas de ocio,
en el *pub*,
realizaba monólogos graciosos
donde estaban presentes mis vómitos
y caídas ladeadas
por las calles de mala fama;
así llegó a crear un ambiguo personaje.

Un día me senté de incógnito en el *pub*,
necesitaba escuchar qué decía sobre mí.
Fue tal el deshonor,
que provocó en mi estado de ánimo
la catarsis más violenta y regresiva
que recuerdo dentro de mi caótica vida.
Salí del *pub* malherido,
ya no deseaba buscar la excelencia,
sólo quería encontrar la paz.
A partir de ese día fue duro el camino;
volví a sufrir dolorosas catarsis regresivas,
volví a sufrir falsos encuentros,
volví a sufrir el rechazo y la ignominia,
aun así,
volví a sentir ínfimos momentos de aceptación
a cambio de las escasas monedas
que permanecían en mis bolsillos.

Entonces, decidí iniciar el aprendizaje
de vivir con mi realidad,
la que desde siempre había combatido
de manera salvaje.
En esa decisión,
iba implícitamente la última catarsis
que incoaba opciones dormidas.

Ahora al menos no me engaño
e intento alejar la ira.
Aun cuando
sigo con mi vida solitaria y pesimista,
alterada por contradicciones
que no alejan el recuerdo de los errores,
y con la lucha por la defensa
de los valores de la dignidad en *libertad*,
por la ética que tanto cuesta mantener
ante los que la patean.
Pero ahora no me engaño
aunque esa lucha sea a muerte.

Porque mi concepto de la vida
y la muerte
sigue siendo el mismo.
Sin embargo,
llegado este momento me da igual,
lo asumo sin fingidas extravagancias.

ESPERANDO LA SEÑAL QUE YA SÉ

1)

Tengo el cuerpo acuchillado en el
cráneo.
No quiero dejar pasar la vida
curando las heridas que mudo
de las tierras abandonadas
por los amigos que se han ido.
Tengo en el cuerpo círculos rojos
y de otros colores,
y tengo en el centro del final de la
vida,
unas dianas donde fijan la mirada
los cuchillos de mi cráneo
y otros cráneos con fusiles
esperando la señal que ya sé.

2)

En un lugar no tan lejano
dejé de lamentarme tantas veces como
días.
Fue algo curioso,
durante un largo tiempo
pensé que nunca superaría aquella iniquidad
instaurada en mi destino;
así que ahora no echo de menos

cuando deseé que me cerrasen la garganta,
porque incluso en las batallas más delirantes,
ella,
ya no rompe ningún silencio,
pero tú,
siempre ocupada en otras cosas más sencillas.

3)

De un tiempo a esta parte
voy de naufragio en naufragio,
paso las horas escuchando la misma
música,
las mismas y aburridas ráfagas
de un mar encarcelado,
leyendo los mismos versos e historias,
escribiendo historias y versos
que jamás ocurrirán.

Patético.

Aunque en esa realidad de soportar
que el tiempo transcurre lento,
he descubierto
que las horas muertas no son excesivamente
tediosas,
siempre y cuándo mantenga las dudas,
las de si he vivido
en lo correcto o en *libertad*.

¿EXISTIMOS?

No sé qué significado tiene esta vida,
este mundo.
La historia, ¿para qué?
Hubo un tiempo en el que creía
entenderlo todo.
Pero no, hoy continúo en el ejercicio
de no entender nada.
Dicen que sin historia no somos nada,
y desde cualquier postulado científico/histórico,
aun, sigo pensando que no somos nada.
Por eso no puede existir historia,
por eso no existe pasado, presente, futuro;
nada.
Si no somos nada,
es que quizá podríamos estar viviendo
en la no existencia de un tiempo único.
¿Y para qué un tiempo único?,
la verdad es que, si no somos nada,
pues para eso, para la nada,
incluso para no existir.

LA SOLEDAD NO ME ASUSTA

La soledad no me asusta,
me asusta la dureza
de la gente mediocre
que no siente la mirada
de otro ser que espera
unos ojos amables.

Tiemblo de pavor cuando veo
las glamurosas ciudades
a través de la brecha espía
de los recuerdos;
en ellos veo las calles moviéndose
igual que ríos desbocados
sin un mar donde poder calmar
su angustiada sed.

Veo a la gente presa en la casilla
del tiempo, como si esta fuese
una condena terrenal.
 Veo almas sin alas
para volar.

La soledad no me asusta,
en la soledad vuelo
y me muevo *libre*
por este intangible tiempo
hasta llegar a verme
en la búsqueda
de una vida
que me lleve a otra,
y de esta a otra...,
para pensar, para escribir,
para seguir persiguiéndome

y alcanzar las miradas
de esos ojos amables
que me busquen a mí.

¿HACIA LA BOCA DE UN DRAGÓN?

Siento que, a veces,
todo lo que me rodea
—incluso yo mismo,
mis contradicciones
y extrañas circunstancias—,
es una simple ficción
que se torna compleja
cuando lo intento comprender.

¿Es que sólo existo yo
en este mi otro universo?,

yo y una línea que lleva
a infinitos lugares
que no tienen otra realidad
más que una voluntad infeliz,
dentro de un vacío hálito,
donde está la realidad
de las metrópolis que corren,
en masa,
hacia la boca de un *dragón*.

¿Es que están todos solos?,
o es que solo, sólo estoy yo,
o tal vez somos unos
que no conseguimos más que
cruzarnos en este mundo de ficción
que va hacia la boca de un *dragón*.

ANTES UN VERSO

He muerto tantas veces
que mi corazón está cansado
de gritar.
Algunas fueron de olvido,
otras en soledad,
y las más amargas
por pequeños suicidios
que me fueron rasgando la vida.

Mi cuerpo, fruncido en cicatrices
sobre cuchillos ardiendo,
no duerme,
escribe palabras
soñando en crear antes un verso.

Camino, lo busco sin descanso
durante un tiempo aún inacabable,
y ahora, en esta nueva tierra celosa,
apenas consigo encontrar raíz
en un río que inunda de otoño
las voces tendidas a otras voces.
La mía continúa callada.

¿Y SI NO LLEGO?

Borges pensaba,
con voz y lucidez alta,
en los caminos para llegar a ser feliz;
y ahí,
lo leí e intenté
durante un cierto tiempo.
Pero la verdad
en ese lenguaje nunca lo conseguí,
porque en el final de un día cualquiera
me di cuenta
de que todo era conforme a un extraño giro
que resultaba propio de un audaz disfraz
de rendición.
Aun a pesar de ello
y dado que los pensamientos de *Borges*
son importantes para los míos,
este me ha dado para pensar.
Porque llevo la vida,
en los caminos que conozco e imaginados,
queriendo encontrarme con ella,
con la felicidad que vive
en la inconsistencia del tiempo.

Y si en la alianza de preámbulos:
con inquietud,
sin matemáticas,
con heridas,
sin las interfases que limitan
el objetivo de mi existencia,
a ella no llego, a la felicidad,
mi vida pasará sin gran valor.
Porque no quiero quedarme
en posibilidades

ni viéndola de lejos
que casi pueda tocarla,
sería infame casi poder tocarla.

"Hoy quiero ser feliz de buena gana",
hoy prefiero el entendimiento
de *César Vallejo*.
Porque si hoy no llego,
moriré apenado en el inexorable
camino buscándola a ella.

SIGO creyendo que la felicidad es como
un extraño juego. El de sentirme en mí mismo
exento de vínculos; libre. He escrito en infinidad
de ocasiones que la felicidad, callada o a gritos,
va a lomos de *un objeto lento que nos cuesta alcanzar*
hasta que se desvanece. Y ahí, erróneamente,
la tomamos cuando carece de emociones. Porque la
felicidad no es vivir en serenidad o en armonía. No es
alimentarse de mantras. No es un reloj de horas planas.
Es otra cosa. Es subir y bajar. Es parar el tiempo.
Es emborracharte de pasión, de amor, de soledad,
de perturbaciones. Es una forma de revolución elevada;
es ser humano sin el castigo humano.

EL VÍNCULO DE LA MEMORIA

En la memoria le estallaban pequeñas
palabras cuando él apenas tenía fuerzas
para escuchar.
Exhausto
sólo deseaba volver a iniciar
la resistencia;
es decir,
tuvo que conformarse luchando
contra el suicidio de su cuerpo
ebrio de expiración.

En aquel cautiverio
cosió pedacitos de autoestima
con otros de pánico y otros de timidez.
Se fue acostumbrando
a la dureza del silencio
que impuso a sus solemnes silencios.

Y sus solemnes silencios
estaban ocupados
en el coactivo trayecto
de hundir la mirada en el tiempo.

Y como en un gigante de cristal
ocultó las cicatrices cosidas a su historia
reflejadas en los momentos
más amargos de otros.
Fue incapaz de retirar el vínculo
de la memoria.
Sabía que sin memoria él no existiría.

NO ME GUSTABA (NADA) ver como mi cuerpo
tenía que convivir con las cicatrices del pasado.
Como la memoria me arrastraba a la condena
de recordar cuánto me ascendía no entender
el significado de las palabras. Como las reflexiones
claras y sabias vagaban ebullendo en una molesta
pira incandescente, desertando en todas
las direcciones y recovecos de cuerdas. Y yo, allí,
a merced del ineluctable corpóreo *cognitivo* ciclo.

NADIE ME HA CONSULTADO

Tengo una cita con la vida
lejos del asombro que engendra
la tierra y el vientre.
A medio camino
en un lugar sin paredones
que cubran mi espalda
y perfecto para el sacrificio,
o es que en tal confusión
me sitúo en el inicio de la escena,
preludio para vivir
segregado de su cuerpo.

No veo a nadie que se acerque
a mi encuentro,
estoy solo en un lugar mitad azul
mitad naranja si miro arriba
siguiendo el aire que una vez respiré
y ahora escapa de mí.

No veo a nadie
aunque sé que otros cantan
y bailan
en el entorno a mi alrededor.
Giro el cuerpo,
descubro sensaciones distintas
a las esperadas,
la sensación
de que la tierra grita y tiembla
y el vientre
estalla y enloquece.

Extraña forma de recibir

a quien va a sufrir.
¡Si al menos me hubiesen preguntado!,
tal vez podría equiparme con municiones.

POEMA 200

Al fin, en este día, estoy desando
pasar un buen rato en las cosas
de los momentos intrascendentes,
lejos de la atmósfera de necesitar pensar.

Podría, para empezar,
emborracharme de alcohol
y otras frivolidades y gilipolleces,
para seguir hablando de fútbol y sexo,
ver un telediario con la emisión de una
moción de censura y a la vez, partirme de risa
observando ese cómico espectáculo degustando un
Brut Nature.

Enseguida me daría cuenta
de que la distancia es la salvación de algo,
aunque, quizá, pensándolo bien..., no sé de qué,
excepto, si hablamos con rigor, de la casi extinta dignidad.

IV. Ruta Valle del Draa

Cómo sería abrazarnos una vez más,
aunque en cada ocasión pensemos:
será la última.

PEQUEÑO PUERTO

Luché

Luché navegando con las dificultades
de un viento de costado,
hasta en ocasiones, despiadado,
el viento rompía, como cuchillas de alabardas,
enfrente de las cicatrices
de mi cara.

Luché

Luché contra mi sudor áspero y frío
que abría paso a la tormenta
procesadora de un mundo hostil.

Luché

Luché [porque está en la esencia
de la irracionalidad de mi muerte]
amarrándome a la brújula y al timón
que deseaban evitar
el naufragio de la derrota.

Luché

Luché y llegué a un pequeño puerto
de un océano con brillos en el cielo.
Brillos que confunden
y engañan a novicios,
no a nautas ni a náufragos.

Un rótulo en el pequeño puerto
decía: *"Sólo pueden enarbolarse*

náufragos y navegantes
expertos en arriesgar el alma
para salvaguardar los mares".

Ahí me quedé, en el pequeño puerto.

RAPSODIA DEL YO

A veces mezclo imágenes y fechas
y el tiempo se me hace tarde.
En ellas me veo agitado
caminando conmigo mismo,
observándome en mis distintos yo.

sé que nazco en el primer
día sin nombre

Y me atrevo a alcanzar el precipicio,
la profundidad del mar,
la cima de la *libertad*,
el infierno de la desdicha,
la atroz soledad de un indeseable.
Me atrevo a mezclar todos mis yo
sin apenas comprenderlos.

No sé si es suficiente
ver cómo me disputo
en dimensiones geométricas
en esta eternidad que no llega,
dudando si salvarme de ella.

apenas concluyo el rito
sin conocer la existencia de otros

Oculto en el ser
la eventual perfección que se deja ver
en el instante celeste del perihelio.
Pero tan insólita existencia
sólo conduce al trastorno de la locura.
Debo alcanzar esas pequeñas cosas
que me lleven a un solo yo.

instauro en mí la soledad y el silencio

La soledad y el silencio reunifican leyes,
apartan del camino rocas de sal,
forman vientos que alejan
las palabras heridas,
desobedecen la llegada adversa.

La soledad y el silencio
permiten, si lo deseas, morir sin entrar
en el lado oscuro de la eternidad.

PENSAMIENTOS PELIGROSOS

Siempre los tuve dentro de mí,
¡claro!,
aun antes de escribir habitualmente,
por eso entendí,
desde el inicio de mi última historia,
el porqué de mi soledad
sin la necesidad de llegar a anciano sabio.

Durante un largo tiempo escribía poco,
leía algo y pensaba mucho;
a fin de cuentas, sobre todo,
escribía relatos o versos
que se volatilizaban
hacia una nube
que nadie conoce dónde está.

Aunque, ¡quién sabe!,
tal vez desde algún lugar de un tiempo único,
llegará la señal para entrar en ella
y salir cargado con las palabras olvidadas,
las que permanecen en ese maravilloso archivo,
y también, tengo que reconocer,
despreciable y peligroso
en lo que respecta al contenido
que nació de mis locuras; supongo que así es.

Ese día —sé que ocurrirá—,
allí me encontraré a los viejos amigos
con los que me reunía
cuando formaba parte de los relatos y versos
que sorprenderían y harían temblar
al mismísimo Publio Ovidio Nasón.

Con esto
estoy arrojando dos evidencias:
siempre fui un mal escritor
y un peligroso pensador.

Ahora
pienso un poco menos,
dedico espacio a la lectura
y escribo algo más.
Pero quizá me esté equivocando,
porque sigo siendo un irregular lector,
un mal escritor
y, creo, no tan buen pensador;
sólo a ratos soy *libre* para pensar
en la belleza que está por llegar.
Y ahí es cuando, aún,
por mi mente pasan y describo
fantásticas genialidades.
Más aun, tengo la inmensa dicha
de que sé: *"sería incapaz de escribirlas"*.

De esta forma, entenderéis,
me agarro a esa gran virtud
que inefablemente me acompaña.

Y todo esto, tan largo, para concluir:
"Donde en verdad disfruto
es con mis peligrosos pensamientos".

NOCHE Y DANZAS
(carnaval)

Esta noche saldrán de sus madrigueras
los grillos perezosos,
y con la complicidad de la magia
se renovará el concuerdo de estrellas,
un pacto de fuego en la oscuridad.
Esta noche,
en cálida penumbra de la luna,
llegará el impacto de espíritus
y diablos danzando.
Convocarán a las fuerzas
que se reúnen alrededor del alcohol
y el amor desnudo;
solsticio de arenas quemadas
y magma.
Esta noche se invocará a la magia
que esgrime la nebulosidad oscilante,
buscando el abrazo descalzo
de un hermano(a) desconocido(a)
que muere al alba.
Esta noche te amaré
aunque no descubra tu nombre.

SOBREVIVIENDO

Dicen que todos vamos por la vida
con una estrella;
pero, por suerte, andamos descubriendo
que no siempre significa ventura.

Llevé, como es sabido,
una larga espera observándola.

Hoy, sé que ella, con demasiada frecuencia,
arroja sobre nosotros
sus caóticas frustraciones.

ME HA COSTADO DECENIOS ENTENDER
que no debía esperar nada de la vida.
¡Y para mi sorpresa!,
me siento cómodo así,
sin las presiones y angustias
que insistían en quebrar mi cerebro.
Sin las miradas penetrantes, persiguiéndome;
ellas,
esperaban lo que yo no deseaba.
Hoy, refugiado en un mar,
veo cómo ha sido el atroz aprendizaje
lleno de homicidios, de olor a pólvora lejana.
Y en este ahora y después
mi pecho se abre *libre,* expulsadas las almas ajenas,
y mi corazón se dilata
 sin miedo.

ES DECIR, EN MI CASA

De la soledad no se vuelve,
y en el mejor de los casos
estás encontrando el camino
para llegar a casa.

Y si tu casa está donde vive la poesía,
¡oh, afortunado!,
podrás elegir el mundo
en el que desees vivir,

y desde allí
sé de un camino que une a la soledad.
Yo desde siempre me quedé
en la poesía y la soledad,
es decir, en mi casa.

V. Ruta Cabo Norte

Nadie elige el primer amor,
los siguientes llegan cuando se sabe esperar.
Así que, en esta etapa de mi vida,
mantengo una perseverancia discontinua.

LLEGUÉ A ADMITIR QUE EL AMOR [más o menos]
era una estrategia que no sabía provocar. No sólo
en las escenas sino también en las palabras
y los silencios,
en saber esperar
saber amar
saber dejar.

SALÍ A BUSCAR EL AMOR *(sin las viejas chaquetas)*
y encontré sabiduría en el apacible discurso
de los árboles que se reúnen en otoño, y así,
despedirme de las hojas en su aventura;
la de los viajes que conducen a la pericia
o por el contrario a ningún lado.
En esa búsqueda larga y sorprendente
sufrí y disfruté,
hasta comprender que no soy nada sin mí,
que el amor está en las concatenaciones
desmedidas de alegrías y desdichas.

Después de no sé cuánto tiempo volví a casa.
Y allí entendí que ya todo era viejo y anciano.

Fragmentado,
comencé a sentirme culpable por el egoísmo
de haber abandonado la casa de mi origen,
y también por ellos, por los que se quedaron,
porque no consiguieron darse alas para intentar
volar en la sabiduría del viaje de la vida.

AMOR DE UN SOLO DÍA

*¿No es el poema de nuestra vida un refugio
tirando de nosotros, soltando y tirando de nosotros?*
Ruth Weiss

La vida, de forma definitiva,
no tiene gran mérito poseerla,
al menos la mía.
Porque ya soñé, planeé, creí...,
y nada pasó,
más que repetir los mismos errores,
si acaso,
sólo consigo refugiarme en el único
recuerdo
que me hace temblar.

Recuerdo el amor de un solo día
que llenó toda mi existencia.
Recuerdo
la manera en la que nació ese amor
de límpido atardecer
 de sur y arena.
Recuerdo el brillo de las muecas
de aquellos ojos
que hablaban palabras
que solo yo escuchaba.

Recuerdo que en el aire de aquel día
disparatado, agitándose,
se respiraba algo especial.
Recuerdo sus pechos
casi descubiertos
y sus tobillos que parecían tan frágiles

y sin embargo eran tan hermosos,
 eternos,
como la raíz de ese día
cuando se ocultó en la luz del *sunset*.

Recuerdo nuestras manos avanzando
hacia el fuego de la belleza de la
 libertad.
Recuerdo una cama áspera
que esa mañana fue ardiente
en la inmortalidad de dos seres
vehementes aquel día atrás.
Recuerdo que, en aquella mañana,
pensé y ocurrieron tantas cosas,
que aún hoy sigo sorprendiéndome
de que existan
personas extraordinarias y delicadas
de un solo día.

Recuerdo la mañana más extensa de mi vida,
¡tan extensa!,
que eclipsó todos los demás días,
los que nunca tuvieron gran valor.

Hoy quiero recordar
la alcoba, el calor, las calles, las sombras...,
 ¡tantas cosas de aquel día!

Hoy necesito que descanse mi tristeza.

NO TENGO NADA EN LA MEMORIA *(en tantos años
de mi vida)* por lo que desearía regresar;
excepto su recuerdo.
Un solo recuerdo de un solo día por el que volvería
a sufrir todos los demás.

Mientras espero,
el viento llena una habitación vacía
y mis ojos están hambrientos de sed y blues.

Mientras espero,
intercambio palabras inconexas
y admito las dudas del regreso.

Mi espera no necesita más que el espacio
de la soledad y el olor que desprende un libro
cuando traslado las páginas de un solo día.

AMO LA POESÍA

Amo la poesía
porque ella comprende
la desesperación del poeta.

Está siempre ahí
—muda, triste o jubilosa—,
interpretando con lentitud
las palabras,
soportando esos climas
extremos
donde los poetas
realizamos extraños
equilibrios
para claudicar ante un verso.

Amo la poesía
porque me lleva a una vida
donde sueño utopías.

LOS AÑOS QUE ALEJAN

Desearía
que no te hubieses ido
de golpe aquella tarde.
Desearía
volver a planear las locuras
que nos faltaron.
Desearía
resucitar las palabras
en las que nada ocurrió
y llenarlas del contenido
que apremiaban nuestros cuerpos
hartos de esperar.
Desearía
cruzarme en tu confusión
por todas aquellas esquinas
que resignadas
resisten sin los atardeceres
que llegaban hasta el alba.
Desearía
armonizar los frágiles desencuentros
sobre: Impresionismo, Física,
Filosofía y el Universo,
que finalmente,
en las profundas madrugadas,
terminaban en la ajusticiada penumbra
del último trago de alcohol.
Desearía
que todo eso tan nuestro
no lo hubiésemos ocultado
por más tiempo
que el defendido en la memoria.
En fin

no sé si podré soportar
el paso de los años que alejan.

EL SUEÑO HERIDO

Me pregunto si sufres lo que yo;
tenemos nuestros pensamientos
amándose
y nosotros
buscando algún resquicio,
  casual,
para encontrarnos con la mirada.
En esa perversidad,
con el rostro disfrazado,
no deseaba encubrir el amor
en el malhadado desenlace.
Las diferencias decían:
"seamos fuertes".
Aunque, quizá,
sé, no podré sobrellevar,
por más que quisiera,
este duelo que me condena.
En tanto,
viajo por mil lugares diferentes
y,
sólo busco hacerte realidad
fuera de un malherido sueño.

AMÉ ENTRE AÑOS

Me pregunto cuántas veces amé
y no sé responder
porque aún la sigo amando.

Tampoco sé
las veces que dejé
de amarla.

Creo que entre años
amo y dejo de amar
como un ritual desesperado.

Y a la vez,

la vida se está manifestando
en un malvado viaje
que a sabiendas me tiene apresado.

AMANTE LEJANO

Siempre fui
Demasiado joven
Para el amor

Me enamoraba
Y sigo amando
De lejos

Antes

De aquella silueta que
Al entrecruzarnos
Quemaba

Ahora

De la mirada excitante
Que imagino
Ella tendrá

LA AMÉ AUSENTE

Pude amarla durante toda una vida,
de hecho, la amé ausente;
y la busqué sin saber cómo encontrarla,
tal vez tuve miedo al estar cerca o errado.

Después volví tantas veces
que temía ser contradictorio.
Cómo me verían sus ojos,
cómo la verían los míos.

Pude amarla durante toda una vida,
de hecho, la amé ausente.
Un día detuve el tiempo y los silencios,
intenté salir de ella, no quería lastimarla.

Y el amor se fue modificando,
todo era distinto, frágil la dejé de amar.
Y la amé de una forma
que sólo tiene que ver con el alma.

MORIR AMÁNDOTE

Si en esta vida tengo una misión
que trascienda a mi conciencia
es que desearía morir amándote.

Aún no sé si eso ocurrirá,
o es que todo es más sencillo
y sólo deseo morir amándote,
así, sin más.

Y en todo esto,
perdona mi tristeza
por no alcanzar a verte tan pronto,
tan sólo recuerda lo bello que es el silencio,

y ahí, comprenderemos
que no todo en esta vida
ha sido una pérdida de tiempo.

DESAFIANDO AL AMOR

No te busco para
Cargarnos de tiempo

Quiero encontrarte
E intentarlo

Desafiar la pérdida
De otro amor

Como jamás
Nos amaron

EL BESO

(Primera escena)
MI INTENCIÓN ERA OTRA, pero la cama se amoldó
a mi cuerpo; absolutamente a todo mi cuerpo.

(Segunda escena)
Y LLEGÓ AQUEL BESO, un solo beso que
en aquella amarga mañana lo fue todo.

(Tercera escena)
¡DETESTO ALGO cuando no sé
cómo llamarlo! Es igual, veo que me alejo.

(Cuarta escena)
AHORA ME QUEDO en esta infecunda orilla. Solo.
La distancia a la otra es enorme.

(Quinta escena)
EL CAUCE que veo
aún mantiene un hilo de pasión.

(Sexta escena y final)
TODO HUBIESE sido desigual sin aquel beso
que al menos imaginé.

SUFRIMIENTO DE POETA

Quién dijo que sufrir no sirve de nada.
Con total certeza, fue el poeta que
una tarde de verano
había abandonado una resaca
de varios días
porque su amor no era correspondido.

—¿Existe algún poeta
que sea correspondido
en el amor? —se preguntaba él atormentado.
—<No. No existe, no existe...> —le respondía
la conciencia.
—<Un poeta no puede ser amado,
está escrito en el Códice del Universo> —iba
pensando.
—Creo que sería posible si yo fuese
un afamado novelista,
¡pero poeta!
Dicen que los novelistas tienen a bien,
ser amados por bellas mujeres —no cesaba
dándole vueltas bisbiseando.

Se consoló al recordar que su amor
por las palabras era correspondido por ellas.

ABRÁZAME OTRA VEZ

Abrázame otra vez
que después no sabemos
si ya será demasiado tarde.
También me gustaría

que no te vayas
sin llevar en tus versos
un pedacito de mi alma.
A mí me hará falta,

apurando el día,
abrigarme del frío
que dejan tus ausencias.
Y en este último abrazo,

en el que estrecharemos
los cuerpos bailando durante horas,
tu pluma escribirá un mundo
que enlaza y aleja.

No quiero que ese sea el nuestro
siendo el mío el que va a ser.
Aquí están de más las leyes
y las sentencias, el amor es lo que es.

TOCANDO UN CIELO

I

A decir verdad…,
no sólo hubo épocas tediosas
o de sufrimiento en mi disonante vida,
también llegué a poseer dichas
y pasiones.

En este final
no quiero hacer resumen,
es decir,
sí,
quiero recordar los momentos
en los que amé intensamente.
Aquellos que aún los estoy viviendo
como tocando un cielo,
sin poder tocarlo porque todo
había sido tal cual una efímera ilusión.

II

Así que, de ese modo,
me convertí en el ateo
esperanzado,
en un soñador de locuras
inexistentes,
en el viajero que se queda

para ver la última despedida.
Y para eso,
fue necesario
no intentar comprender
ni lo que yo mismo
no entendía dentro de mí.

III

Hoy,
un día en el que no siento
ni el aire que respiro,
al fin sé cuánto guardo en valor.
Amé y fui amado,
amé,
me amaron
sin saber que era amado,
rechacé amores
llevándolos
al patíbulo de los suicidios,
amé,
también amé con la mirada
y viví en la sombra
de la soledad,
y tuve frío
ante la ausencia
de una piel que no llegaba.

IV

Sin embargo,
lo más fascinante en mi vida
fueron los momentos en los que
amé en silencio
o los que amé a gritos
y fui rechazado
en cualquiera de sus formas.
Ahí nació el amor
como una pasión épica,
inalcanzable,
el amor ciego
que iba decapitando
el tiempo a su paso,
el amor que deseaba llegar a él
(al amor)
en alguno de los fingidos cielos.

EL DÍA EN EL QUE ME DIRIGÍA A SER PROSCRITO de
un mundo en el que apenas nada me hacía feliz,
pensé que tú, tal vez, te habías adelantado
y estabas esperando a ser habitada por mí.
No es ninguna tontería, porque desde un tiempo
no tan lejano,
no cruzábamos nuestros pasos en aquellas fingidas
reuniones que terminaban en excesos y desmadres
de alcohol, sexo y cocaína;
por entonces, ya intuía que tu acoso a las luces
que surgían al alba —asegurabas que ellas elevarían
tu esencia a las estrellas—, no era una locura
insustancial.
Aquella lejana o quizá cercana, para ti,
audaz exhibición, consiguió, no levemente,
abstraerme en interminables reflexiones.
¡Hasta que!, por azar, sin saber cómo ni por qué,
descubrí que tendría que existir algo más, en nosotros,
en este viaje que no vuelve ni se detiene.

EN ESTE VIAJE *(de un trayecto terrenal)*
sólo quiero desandar lo andado y quedarme
donde tú eras todo lo que yo amaba.
Y si eso no lo alcanzo, al menos viviré
para recuperar la música y los versos,
en los que sé: *Tú estarás al otro lado*.

VI. Ruta Adís Abeba

Sé que algún día, creo,
nuestro plan se encontrará
evitando aquel fatídico esquema.

EN UN ENORME MAR

El único problema filosófico verdaderamente serio es el suicidio
Albert Camus

¡Cuántos años teatralizando mi vida!,
una vida que no me correspondía.

¡Cuántos años!

Aunque en realidad
me desahogaba fingiendo
una consagrada al trabajo y al placer,
engañando a mi conciencia y a mi cuerpo.
No sé si tal esquema lo manejé adecuadamente
debido a la alianza con la infidelidad
o por el secuestro moral
al que me fui acostumbrando;
y en todo ello,
mantenía el calor de la ebriedad.

La segunda realidad,
descubrí
que era un perfeccionista
venido a menos;
lo sospeché por mi letargo
y por no huir lejos de una vida
que no era mía,
o quizá
—sigo sin verlo con claridad—,
por el miedo a entrar
en otra que me arredraba
y que por signos de frecuencia

estaba ahí, esperando, para mí.

Me castigué al sufrimiento
de la pérdida del amor
al perdurar la desidia
aún no sé por qué.

¡Cuánto tiempo!

La travesía fue larga,
más aun y repleta de espinos,
duros espinos;
pero a la vez, no olvidaba,
tendría que hallar
la ruta de mi éxodo,
infinito éxodo para sobrevivir.

¡Sobreviví!

Ahora que llegué,
 [¡Sí!]
sé, o creo intuir,
que la liberación transforma
el amor
en el espacio vital de amar
en cualquier naturaleza,
en cualquier rincón
de un viejo y enorme mar
donde la vida se me hace corta.

NO ME ECHO DE MENOS

¡Y es una sensación tan feliz y extraña!

Que me pregunto:
¿Por qué no estoy?

Sabes que no te admiraba tal como eras,
pero ahora has dejado de hablarme
y yo,
también me he quedado mudo.

Aun así,
estoy sólo
—y solo me siento—,
en una nueva creencia extravagante.

Cada día exijo
el deseo de que no regreses.
Me acostumbré
a las noches sin insomnio
con mi ausencia.

QUÉ ES LO INNEGABLE

Todo o nada, eso es lo innegable, lo sé.
Por suerte, o no,
he vivido con la mirada estirada
y a la vez,
he comprendido bastante poco, o nada.
Desde siempre, mi naturaleza optó por alejarse
de los círculos que no mueven
el universo de la duda.
Mi vida fue creciendo con una pregunta:
"Dónde y cómo existirá lo que no vemos".
Aunque, ciertamente,
ante la disconveniencia de la hesitación
y en demasiadas ocasiones,
nuestra conciencia,
diseñada en un modelo único
con matices identitarios
para no obtener respuestas,
niega cualquier evidencia en el espectro
de la no realidad,
sólo reconoce la realidad
visual, sensorial o háptica,
y gravemente aún más,
obviando la *"duda metódica"* de Descartes.
La verdad es que somos semillas
divulgativas
del fervor de la física tridimensional.
Aun a pesar de ello,
mi yo reflexivo, por el principio
de la racionalidad indócil,
niega mi existencia
y a la vez niega mi no existencia.
La duda existencial del ser en sí mismo,
acelera el sufrimiento

al intentar acercarnos a la tarea de llegar a esa
felicidad
que nunca disfrutaremos en este nivel.
Eso es lo único innegable.

QUÉ HACER cuando sé que no hay VIDA EN MI VIDA.
Han huido de mí los ojos que me alimentaban. Callaron
las voces que un día despertaron mi conciencia abandonada.
Me estremezco al no sentir los pasos que en mis oídos muertos
cantaban en las noches. Mas mantengo este dolor sin esperanza
en la cruel justicia de los condenados.
Y en esta vigilia, camino, camino y camino cegado por el tiempo
de una tierra que inunda mi cuerpo de música que no recuerdo.
Una tenue mirada o una voz sospechada, sólo ellas, atestiguarán
el regreso al inicio en la aventura de una vida nueva.

¿POR QUÉ NO VOLVER A FRACASAR?

Hoy desperté en la convicción
de desistir en los intentos
por alcanzar la serenidad.
La noche fue de extrema beligerancia,
vencieron los deseos a prepararme
y hacer de mi muerte lo mismo
que hice en la vida: fracasar.
La verdad, no sé cómo empezar;
lo cierto, fracasé en la vida,
y viéndolo con perspectiva,
está claro que dispongo de cierta experiencia
para fracasar en la muerte.
También recuerdo no haber hecho nada
hasta conseguirlo.
Desde el prisma de alcohólico, heterodoxo
y desenfrenado fue algo natural,
el fracaso formaba parte de mí.
Quizá ocurra igual con la muerte,
sólo debo esperar asomado a mi tiempo,
de algo valdrá ser reincidente.

CUANDO ENCUENTREN MI CADÁVER

El día que encuentren mi cadáver
sigan ustedes con sus hábitos y rutinas.
No dediquen el tiempo a falsas tristezas
ni comentarios grandilocuentes
que no merecerá mi extinta naturaleza,
si acaso,
recordarán algunos o detractarán los más,
la desleal hora en la que con buenas artes
les birlé amantes o protagonismo.
Y cuando les baje el enfurecimiento...,
continúen ignorándome,
y así, salvaguardarán su salud mental.
De igual manera, no será necesario
reseñas mortuorias ni funerales ni oratorias,
resérvenlo para su cadáver de alto extracto
social.
Y si por un casual en mis bolsillos hubiera alguna
moneda,
están ustedes invitados a unos tragos,
pero por favor, hablen de fútbol o astronomía
durante el corto espacio de tiempo
que dure la consumición,
porque del difunto..., ya se encargará la beneficencia.

EL DÍA QUE ME EXPIRE LA VIDA

La muerte es la única respuesta
a mi vida inadmisible.

Y no creas, aún continúo trabajando
para obtener un resultado favorable.

Porque cuando me expire la vida,
no quiero llevar más que lo que quepa de
poesía.

ME HE CONVERTIDO EN UN OBSESIVO yonqui de
los libros usados, de los más huérfanos y desnudos,
de los más rebeldes; cuántas más huellas hayan dejado
los dedos avanzando en las páginas, mis deseos
por leerlos se acrecientan, hasta el punto de que
si no llevo suficientes monedas podría incluso
robarlos.

Réquiem poético

SIENTO que es EL MOMENTO
de DEJARLO todo,
dejar atrás el único gran sueño
de mi vida.

No sé si la insistencia en llegar a ella,
y hallarla expulsada del paraíso,
me ha pasado factura.
Porque ahora, fatigado,
desearía volver a tenerlo entre mis manos,
reconvertirlo en aquella ilusión
inalcanzable;
seguir compartiendo con ella
insomnios magnéticos
que sólo ocurrían en mi mente.

LLEGUÉ a creer que era único y mío,
pero el tiempo me ha vencido.
Y ahora, me siento invisible
en un lugar donde todo brilla y tirita
en la noche.
He perdido el amor que se movía
entre las esquivas nubes de chocolate dorado
y también,
la inspiración que me provocaba
el recuerdo de su fugaz imagen.
Al fin, pensará el destino,
a este pobre malogrado poeta
le arranqué de cuajo
el disfraz que le perturbaba.
Y él, el destino,
durante la noche ha huido.
Ha huido llevándose mi soledad
y mi inocencia.

LA VIDA es más perversa que perfecta.
El tiempo es más cruel que mío.
De golpe se acabaron las palabras de la belleza,
ahora tendré que aprender a vivir
con las palabras de sabor a nada.
Mi mente amante se ha ido
entre las luces violetas del atardecer.
Dejándome a merced de mi cuerpo
que sólo es un cuerpo
sin la música de los versos idealizados.
Y eso significa dejándome solo,
tiritando de miedo y frío.
¡Qué sentimiento tan triste!
Ya no me queda rabia ni compasión
ni la alegría de los que se mueren
agotados de embriagarse
con las mujeres y hombres más bellos.
Desnudos y frágiles.
Hambrientos de poesía.

¡QUÉ sentimiento tan triste!
Es la hora de dejar atrás la génesis de la vida,
porque sin la música de los versos
no me queda nada.

Esto es más que una despedida.
Es más que un adiós.
Más que el silencio.
Es más que antes de las palabras.
Antes del silencio.
Antes de contemplarlo todo
por un instante eterno.
Antes.
Antes de que la muerte intentase besarme.
Antes de que la muerte me beso.

ÍNDICE

Ruta de las Ciudades de los Poetas, 13

Tuve un amor en Moscú, 15
Te quería salvaje, 17
Qué podría hacer con las palabras, 18
En el fin del mundo caminé largo por Buenos Aires, 19

Ruta Port Arthur, 21

Vivo en la carretera, 23
Sabed, conozco historias increíbles, 25
Anoche, 26
Esperando a Ginsberg, 27
Imagino *(a veces pienso)* reencontrarme, 33
Mi cuerpo pertenece a la tierra, 34
Morir de amor o embriagado, 36
Vengo de una tierra huida, 37
Ante la hoguera de los sacrificios, 39
Desde luego aquella no era mi vida, 40
(Segundo pensamiento), 41
La última copa, 42

Ruta Highway 1, 43

Catarsis, 45
Esperando la señal que ya sé, 48
¿Existimos?, 50
La soledad no me asusta, 51
¿Hacia la boca de un dragón?, 53
Antes un verso, 54
¿Y si no llego?, 55
Sigo creyendo que la felicidad, 57
El vínculo de la memoria, 58
No me gustaba (nada), 59

Nadie me ha consultado, 60
Poema 200, 62

Ruta Valle del Draa, 63

Pequeño puerto, 65
Rapsodia del yo, 67
Pensamientos peligrosos, 69
Noche y danzas, 71
Sobreviviendo, 72
Me ha costado decenios entender, 73
Es decir, en mi casa, 74

Ruta Cabo Norte, 75

Llegué a admitir que el amor, 77
Salí a buscar amor *(sin las viejas chaquetas)*, 78
Amor de un solo día, 79
No tengo nada en la memoria, 81
Amo la poesía, 82
Los años que alejan, 83
El sueño herido, 85
Amé entre años, 86
Amante lejano, 87
La amé ausente, 88
Morir amándote, 89
Desafiando al amor, 90
El beso, 91
Sufrimiento de poeta, 92
Abrázame otra vez, 93
Tocando un cielo, 94
El día en el que me dirigía a ser proscrito, 97
En este viaje *(de un trayecto terrenal)*, 98

Ruta Adís Abeba, 99

En un enorme mar, 101

No me echo de menos, 103
Qué es lo innegable, 104
Qué hacer cuando sé, 106
¿Por qué no volver a fracasar?, 107
Cuando encuentren mi cadáver, 108
El día que me expire la vida, 109
Me he convertido en un obsesivo, 110

Réquiem poético, 111

SIENTO que es, 113
LLEGUÉ a creer, 114
LA VIDA es más, 115
¡QUÉ sentimiento, 116

Ediciones Vitruvio

Colección Baños del Carmen

Últimos libros publicados:

Mil años de poesía (1000-2000), número mil de la colección Baños del Carmen

Autobús nocturno, de Luis Machuca Moreno

Donde nadie dirige la mirada, de Fernando Fiestas

Siempre promete amanecer, de Ignacio Eufemio Caballero

Recuento de ilusiones, de Norberto Garcés

Y la que escucha no es ella, de Silvia López Ripoll

La levedad, de Cristina Liso

La niña que ha sembrado la tierra del poema, de Josela Maturana

Despacio y tiempo, de Angie Expósito

El agua en la mano, de Félix Recio

Parábola entre parabólicas, de Pablo Villa

Centinela del viento, de Daniel López Acuña

Guiñol, de Pedro López Lara

Historias encontradas, de Domingo Luis Hernández

El gozo cumplido, de María José García Mesa

Postales del norte, de Juan Gil Bengoa

Obra poética incompleta, de Yong-Tae Min

La ley del soneto, de Modesto González Lucas

Franqueo en destino, de José Félix Olalla

Otro tipo de abreviatura, de Isabela Basombrio Hoban

Cuando llegues, de Carlos Cortés

Palabras, pájaros y cobijo, de Victoria Muñoz Arenas

Éramos esto, de Pilar Úcar
Ventura

Después de la belleza, de Rafael
Talavera

Nuevas prosas, de Manuel Lacarta

La última vez que la luna dijo tu
nombre, de Laura Vera Becerra

Estrellas que no vi, de Leonardo
David Segado

Monodias, de Luis Rodríguez Cao

Una ave contra el viento, de
Gerardo Guaza González

Lo que tú decías, de Federico
Jiménez Asenjo

Herida propia, de Rosa Estremera

Lo que me entregaste, de Pascual
García

La memoria de la piel, de Dolors
Fernández Guerrero

Sin música de película, de Esther
Ortiz Arrese

Experiencia de ti, de Elena Ventaje

Digo y u tú Babel, de José Ángel
García

París Berlín Roma, de Pedro
Alcarria

Cortisol, acetilcolina y otras
metáforas, de M'Angel Manovell

Señales de paz y de distancia, de
Carmen Álvarez Puerto

Espejo de monos alumbrados, de
José Siles

Tal vez mañana, de Felicidad
González Cantón

Poesía completa, de Álvaro Pombo

En busca de Shaun-Mor, de José
Luis Ariel Méndez

Al final del principio, de Andrés
Carlos López Herrero

Poesía completa, de Blanca
Sarasua